L'ÂME ET LE CORPS

HENRI BERGSON

HENRI BERGSON
1859-1941

Diplomé de l'agrégation de philosophie de l'Ecole normale supérieure en 1881, Henri Bergson devient maître de conférence en philosophie grecque et latine au Collège de France en 1900. Il reçoit le Prix Nobel de littérature en 1927.

L'ÂME ET LE CORPS

Conférence faite à Foi et Vie,
le 28 avril 1912

Le titre de cette conférence est « L'âme et le corps », c'est-à-dire la matière et l'esprit, c'est-à-dire tout ce qui existe et même, s'il faut en croire une philosophie dont nous parlerons tout à l'heure, quelque chose aussi qui n'existerait pas. Mais rassurez-vous. Notre intention n'est pas d'approfondir la nature de la matière, pas plus d'ailleurs que la nature de l'esprit. On peut distinguer deux choses l'une de l'autre, et en déterminer jusqu'à un certain point les rapports, sans pour cela connaître la nature de chacune d'elles. Il m'est impossible, en ce moment, de faire connaissance avec toutes les personnes qui m'entourent ; je me distingue d'elles cependant, et je vois aussi quelle situation elles occupent par rapport à moi. Ainsi pour le corps et l'âme : définir l'essence de l'un et de l'autre est une entreprise qui nous mènerait loin ; mais il est plus aisé de savoir ce qui les unit et ce qui les sépare, car cette union et cette séparation sont des faits d'expérience.

D'abord, que dit sur ce point l'expérience immédiate et naïve du sens commun ? Chacun de nous est un corps, soumis aux mêmes lois que toutes les autres portions de matière. Si on le pousse, il avance; si on le tire, il recule; si on le soulève et qu'on l'abandonne, il retombe. Mais, à côté de ces mouvements qui sont provoqués mécaniquement par une cause extérieure, il en est d'autres qui semblent venir du dedans et qui tranchent sur les précédents par leur caractère imprévu : on les appelle « volontaires ». Quelle en est la cause ? C'est ce que chacun de Dons désigne par les mots « je » ou « moi ». Et qu'est-ce que le moi ? Quelque chose qui paraît, à tort ou à raison, déborder de toutes parts le corps qui y est joint, le dépasser dans l'espace aussi bien que dans le temps. Dans l'espace d'abord, car le corps de chacun de nous s'arrête aux contours précis qui le limitent, tandis que par notre faculté de percevoir, et plus particulièrement de voir, nous rayonnons bien au-delà de notre corps :

nous allons jusqu'aux étoiles. Dans le temps ensuite, car le corps est matière, la matière est dans le présent, et, s'il est vrai que le passé y laisse des traces, ce ne sont des traces de passé que pour une conscience qui les aperçoit et qui interprète ce qu'elle aperçoit à la lumière de ce qu'elle se remémore : la conscience, elle, retient ce passé, l'enroule sur lui-même au fur et à mesure que le temps se déroule, et prépare avec lui un avenir qu'elle contribuera à créer. Même, l'acte volontaire, dont nous parlions à l'instant, n'est pas autre chose qu'un ensemble de mouvements appris dans des expériences antérieures, et infléchis dans une direction chaque fois nouvelle par cette force consciente dont le rôle paraît bien être d'apporter sans cesse quelque chose de nouveau dans le monde. Oui, elle crée du nouveau en dehors d'elle, puisqu'elle dessine dans l'espace des mouvements imprévus, imprévisibles. Et elle crée aussi du nouveau à l'intérieur d'elle-même, puisque l'action volontaire réagit sur celui qui la veut, modifie dans une certaine mesure le caractère de la personne dont elle émane, et accomplit, par une espèce de miracle, cette création de soi par soi qui a tout l'air d'être l'objet même de la vie humaine. En résumé donc, à côté du corps qui est confiné au moment présent dans le temps et limité à la place qu'il occupe dans l'espace, qui se conduit en automate et réagit mécaniquement aux influences extérieures, nous saisissons quelque chose qui s'étend beaucoup plus loin que le corps dans l'espace et qui dure à travers le temps, quelque chose qui demande ou impose au corps des mouvements non plus automatiques et prévus, mais imprévisibles et libres : cette chose, qui déborde le corps de tous côtés et qui crée des actes en se créant à nouveau elle-même, c'est le « moi », c'est l' « âme », c'est l'esprit - l'esprit étant précisément une force qui peut tirer d'elle-même plus qu'elle ne contient, rendre plus qu'elle ne reçoit, donner plus qu'elle n'a. Voilà ce que nous croyons voir. Telle est l'apparence.

On nous dit : « Fort bien, mais ce n'est qu'une apparence. Regardez de plus près. Et écoutez parler la science. D'abord, vous reconnaîtrez bien vous-même que cette « âme » n'opère jamais devant vous sans un corps. Son corps l'accompagne de la naissance à la mort, et, à supposer qu'elle en soit réellement distincte, tout se passe comme si elle y était liée inséparablement. Votre conscience s'évanouit si vous respirez du chloroforme ; elle s'exalte si vous absorbez de l'alcool ou du café. Une intoxication légère peut donner lieu à des troubles déjà profonds de l'intelligence, de la sensibilité et de la volonté. Une intoxication durable, comme en laissent derrière elles certaines maladies infectieuses, produira l'aliénation. S'il est vrai qu'on ne trouve pas toujours, à l'autopsie, des lésions du cerveau chez les aliénés, du moins en rencontre-t-on souvent ; et, là où il n'y a pas de lésion visible, c'est sans doute une altération chimique des tissus qui a causé la maladie. Bien plus, la science localise en certaines circonvolutions précises du cerveau certaines fonctions déterminées de l'esprit, comme la faculté, dont vous parliez tout à l'heure, d'accomplir des mouvements volontaires. Des lésions de tel ou tel point de la zone rolandique, entre le lobe frontal et le lobe pariétal, entraînent la perte des mouvements du bras, de la jambe, de la face, de la langue. La mémoire même, dont vous faites une fonction essentielle de l'esprit, a pu être localisée en partie : au pied de la troisième circonvolution frontale gauche siègent les souvenirs des mouvements d'articulation de la parole ; dans une région intéressant la première et la deuxième circonvolutions temporales gauches se conserve la mémoire du son des mots ; à la partie postérieure de la deuxième circonvolution pariétale gauche sont déposées les images visuelles des mots et des lettres, etc. Allons plus loin. Vous disiez que, dans l'espace comme dans le temps, l'âme déborde le corps auquel elle est jointe. Voyons pour l'espace. Il est vrai que la vue et l'ouïe vont au-delà des limites du corps ; mais pourquoi ? Parce que des vibrations venues de loin ont impressionné l'œil et l'oreille, se sont transmises au cerveau ; là, dans le cerveau, l'excitation est devenue sensation auditive ou visuelle ; la perception est donc intérieure au corps et ne s'élargit pas. Arrivons au temps. Vous prétendez que l'esprit embrasse le passé, tandis que le corps est confiné dans un présent qui recommence sans cesse. Mais nous ne nous rappelons le passé que parce que notre corps en conserve la trace encore présente. Les impressions faites par les objets sur le cerveau y demeurent, comme des images sur une plaque sensibilisée ou des phonogrammes sur des disques phonographiques ; de même que le disque répète la mélodie quand on fait fonctionner l'appareil, ainsi le cerveau ressuscite le souvenir quand l'ébranlement voulu se produit au point où l'impression est déposée. Donc, pas plus dans le temps que dans l'espace, l' « âme » ne déborde le corps... Mais y a-t-il réellement une âme distincte du corps ? Nous venons de voir que des changements se produisent sans cesse dans le cerveau, ou, pour parler plus précisément, des déplacements et des groupements nouveaux de molécules et d'atomes. Il en est qui se traduisent par ce que nous appelons des sensations, d'autres par des souvenirs ; il en est, sans aucun doute, qui correspondent à tous les faits intellectuels, sensibles et volontaires : la conscience s'y surajoute comme une phosphorescence ; elle est semblable à la trace lumineuse qui suit et dessine le mouvement de l'allumette qu'on frotte, dans l'obscurité, le long d'un mur. Cette phosphorescence, s'éclairant pour ainsi dire elle-même, crée de singulières illusions d'optique intérieure ; c'est ainsi que la conscience s'imagine modifier, diriger, produire les mouvements dont elle n'est que le résultat ; en cela consiste la croyance à une volonté libre. La vérité est que si nous pouvions, à travers le crâne, voir ce qui se passe dans le cerveau qui travaille, si nous disposions, pour en observer l'intérieur, d'instruments capables de grossir des millions de millions de fois autant que ceux de nos microscopes qui grossissent le plus, si nous assistions ainsi à la danse des molécules, atomes et électrons dont l'écorce cérébrale est faite, et si, d'autre part, nous possédions la table de correspondance entre le cérébral et le mental, je veux dire le dictionnaire permettant de traduire chaque figure de la danse en langage de pensée et de sentiment, nous saurions aussi bien que la prétendue « âme » tout ce qu'elle pense, sent et veut, tout ce qu'elle croit faire librement alors qu'elle le fait mécaniquement. Nous le saurions même beaucoup mieux qu'elle, car cette soi-disant âme consciente n'éclaire qu'une petite partie de la danse intracérébrale, elle n'est que l'ensemble des feux follets qui voltigent au-dessus de tels ou tels groupements privilégiés d'atomes, au lieu que nous assisterions à tous les groupements de tous les atomes, à la danse intracérébrale tout entière. Votre « âme consciente » est tout au plus un effet qui aperçoit des effets : nous verrions, nous, les effets et les causes. »

Voilà ce qu'on dit quelquefois au nom de la science. Mais il est bien évident, n'est-ce pas ?, que si l'on appelle « scientifique » ce qui est observé ou observable, démontré ou démontrable, une conclusion comme celle qu'on vient de présenter n'a rien de scientifique, puisque, dans l'état actuel de la science, nous n'entrevoyons même pas la possibilité de la vérifier. On allègue, il est vrai, que la loi de conservation de l'énergie s'oppose à ce que la plus petite parcelle de force ou de mouvement se crée dans l'univers, et que, si les choses ne se passaient pas mécaniquement comme on vient de le dire, si une volonté efficace intervenait pour accomplir des actes libres, la loi de conservation de l'énergie serait violée. Mais raisonner ainsi est simplement admettre ce qui est en question ; car la loi de conservation de l'énergie, comme toutes les lois physiques, n'est que le résumé d'observations faites sur des phénomènes physiques ; elle exprime ce qui se passe dans un domaine où personne n'a jamais soutenu qu'il y eût caprice, choix ou liberté ; et il s'agit précisément de savoir si elle se vérifie encore dans des cas où la conscience (qui, après tout, est une faculté d'observation, et qui expérimente à sa manière), se sent en présence d'une activité libre. Tout ce qui s'offre directement aux sens ou à la conscience, tout ce qui est objet d'expérience, soit extérieure soit interne, doit être tenu pour réel tant qu'on n'a pas démontré que c'est une simple apparence. Or, il n'est pas douteux que nous nous sentions libres, que telle soit notre impression immédiate. À ceux qui soutiennent que ce sentiment est illusoire incombe donc l'obligation de la preuve. Et ils ne prouvent rien de semblable, puisqu'ils ne font qu'étendre arbitrairement aux actions volontaires une loi vérifiée dans des cas où la volonté n'intervient pas. Il est d'ailleurs bien possible que, si la volonté est capable de créer de l'énergie, la quantité d'énergie créée soit trop faible pour affecter sensiblement nos instruments de mesure : l'effet pourra néanmoins en être énorme, comme celui de l'étincelle qui fait sauter une poudrière. Je n'entrerai pas dans l'examen approfondi de ce point. Qu'il me suffise de dire que si l'on considère le mécanisme du mouvement volontaire en particulier, le fonctionnement du système nerveux en général, la vie elle-même enfin dans ce qu'elle a d'essentiel, on arrive à la conclusion que l'artifice constant de la conscience, depuis ses origines les plus humbles dans les formes vivantes les plus élémentaires, est de convertir à ses fins le déterminisme physique ou plutôt de tourner la loi de conservation de l'énergie, en obtenant de la matière une fabrication toujours plus intense d'explosifs toujours mieux utilisables : il suffit alors d'une action extrêmement faible, comme celle d'un doigt qui presse rait sans effort la détente d'un pistolet sans frottement, pour libérer au moment voulu, dans la direction choisie, une somme aussi grande que possible d'énergie accumulée. Le glycogène déposé dans les muscles est en effet un explosif véritable ; par lui s'accomplit le mouvement volontaire : fabriquer et utiliser des explosifs de ce genre semble être la préoccupation continuelle et essentielle de la vie, depuis sa première apparition dans des masses protoplasmiques déformables à volonté jusqu'à son complet épanouissement dans des organismes capables d'actions libres. Mais, encore une fois, je ne veux pas insister ici sur un point dont je me suis longuement occupé ailleurs. Je ferme donc la parenthèse que j'aurais pu me dispenser d'ouvrir, et je reviens à ce que je disais d'abord, à l'impossibilité d'appeler scientifique une thèse qui n'est ni démontrée ni même suggérée par l'expérience.

Que nous dit en effet l'expérience ? Elle nous montre que la vie de l'âme ou, si vous aimez mieux, la vie de la conscience, est liée à la vie du corps, qu'il y a solidarité entre elles, rien de plus. Mais ce point n'a jamais été contesté par personne, et il y a loin de là à soutenir que le cérébral est l'équivalent du mental, qu'on pourrait lire dans un cerveau tout ce qui se passe dans la conscience correspondante. Un vêtement est solidaire du clou auquel il est accroché ; il tombe si l'on arrache le clou ; il oscille si le clou remue il se troue, il se déchire si la tête du clou est trop pointue il ne s'ensuit pas que chaque détail du clou corresponde à un détail du vêtement, ni que le clou soit l'équivalent du vêtement ; encore moins s'ensuit-il que le clou et le vêtement soient la même chose. Ainsi, la conscience est incontestablement accrochée à un cerveau mais il ne résulte nullement de là que le cerveau dessine tout le détail de la conscience, ni que la conscience soit une fonction du cerveau. Tout ce que l'observation, l'expérience, et par conséquent la science nous permettent d'affirmer, c'est l'existence d'une certaine relation entre le cerveau et la conscience.

Quelle est cette relation ? Ah ! c'est ici que nous pouvons nous demander si la philosophie a bien donné ce qu'on était en droit d'attendre d'elle. À la philosophie incombe la tâche d'étudier la vie de l'âme dans toutes ses manifestations. Exercé à l'observation intérieure, le philosophe devrait descendre au-dedans de lui-même, puis, remontant à la surface, suivre le mouvement graduel par lequel la conscience se détend, s'étend, se prépare à évoluer dans l'espace. Assistant à cette matérialisation progressive, épiant les démarches par lesquelles la conscience s'extériorise, il obtiendrait tout au moins une intuition vague de ce que peut être l'insertion de l'esprit dans la matière, la relation du corps à l'âme. Ce ne serait sans doute qu'une première lueur, pas davantage. Mais cette lueur nous dirigerait parmi les faits innombrables dont la psychologie et la pathologie disposent. Ces faits, à leur tour, corrigeant et complétant ce que l'expérience interne aurait eu de défectueux ou d'insuffisant, redresseraient la méthode d'observation intérieure. Ainsi, par des allées et venues entre deux centres d'observation, l'un au-dedans, l'autre au-dehors, nous obtiendrions une solution de plus en plus approchée du problème - jamais parfaite, comme prétendent trop souvent l'être les solutions du métaphysicien, mais toujours perfectible, comme celles du savant. Il est vrai que du dedans serait venue la première impulsion, à la vision intérieure nous aurions demandé le principal éclaircissement ; et c'est pourquoi le problème resterait ce qu'il doit être, un problème de philosophie. Mais le métaphysicien ne descend pas facilement des hauteurs où il aime à se tenir. Platon l'invitait à se tourner vers le monde des Idées. C'est là qu'il s'installe volontiers, fréquentant parmi les purs concepts, les amenant à des concessions réciproques, les conciliant tant bien que mal les uns avec les autres, s'exerçant dans ce milieu distingué à une diplomatie savante. Il hésite à entrer en contact avec les faits, quels qu'ils soient, à plus forte raison avec des faits tels que les maladies mentales : il craindrait de se salir les mains. Bref, la théorie que la science était en droit d'attendre ici de la philosophie - théorie souple, perfectible, calquée sur l'ensemble des faits connus - la philosophie n'a pas voulu ou n'a pas su la lui donner.

Alors, tout naturellement, le savant s'est dit : « Puisque la philosophie ne me demande pas, avec faits et raisons à l'appui, de limiter de telle ou telle manière déterminée, sur tels et tels points déterminés, la correspondance supposée entre le mental et le cérébral, je vais faire provisoirement comme si la correspondance était parfaite et comme s'il y avait équivalence ou même identité. Moi, physiologiste, avec les méthodes dont je dispose observation et expérimentation purement extérieures je ne vois que le cerveau et je n'ai de prise que sur le cerveau, je vais donc procéder comme si la pensée n'était qu'une fonction du cerveau ; je marcherai ainsi avec d'autant plus d'audace, j'aurai d'autant plus de chances de m'avancer loin. Quand on ne connaît pas la limite de son droit, on le suppose d'abord sans limite ; il sera toujours temps d'en rabattre. » Voilà ce que s'est dit le savant ; et il s'en serait tenu là s'il avait pu se passer de philosophie.

Mais on ne se passe pas de philosophie ; et en attendant que les philosophes lui apportassent la théorie malléable, modelable sur la double expérience du dedans et du dehors, dont la science aurait eu besoin, il était naturel que le savant acceptât, des mains de l'ancienne métaphysique, la doctrine toute faite, construite de toutes pièces, qui s'accordait le mieux avec la règle de méthode qu'il avait trouvé avantageux de suivre. Il n'avait d'ailleurs pas le choix. La seule hypothèse précise que la métaphysique des trois derniers siècles nous ait léguée sur ce point est justement celle d'un parallélisme rigoureux entre l'âme et le corps, l'âme exprimant certains états du corps, ou le corps exprimant l'âme, ou l'âme et le corps étant deux traductions, en langues différentes, d'un original qui ne serait ni l'un ni l'autre : dans les trois cas, le cérébral équivaudrait exactement au mental. Comment la philosophie du XVIIe, siècle avait-elle été conduite à cette hypothèse ? Ce n'était certes pas par l'anatomie et la physiologie du cerveau, sciences qui existaient à peine ; et ce n'était pas davantage par l'étude de la structure, des fonctions et des lésions de l'esprit. Non, cette hypothèse avait été tout naturellement déduite des principes généraux d'une métaphysique qu'on avait conçue, en grande partie au moins, pour donner un corps aux espérances de la physique moderne. Les découvertes qui suivirent la Renaissance - principalement celles de Kepler et de Galilée - avaient révélé la possibilité de ramener les problèmes astronomiques et physiques à des problèmes de mécanique. De là l'idée de se représenter la totalité de l'univers matériel, inorganisé et organisé, comme une immense machine, soumise à des lois mathématiques. Dès lors les corps vivants en général, le corps de l'homme en particulier, devaient s'engrener dans la machine comme autant de rouages dans un mécanisme d'horlogerie ; aucun de nous ne pouvait rien faire qui ne fût déterminé par avance, calculable mathématiquement. L'âme humaine devenait ainsi incapable de créer ; il fallait, si elle existait, que ses états successifs se bornassent à traduire en langage de pensée et de sentiment les mêmes choses que son corps exprimait en étendue et en mouvement. Descartes, il est vrai, n'allait pas encore aussi loin : avec le sens qu'il avait des réalités, il préféra, dût la rigueur de la doctrine en souffrir, laisser un peu de place à la volonté libre. Et si, avec Spinoza et Leibniz, cette restriction disparut, balayée par la logique du système, si ces deux philosophes formulèrent dans toute sa rigueur l'hypothèse d'un parallélisme constant entre les états du corps et ceux de l'âme, du moins s'abstinrent-ils de faire de l'âme un simple reflet du corps ; ils auraient aussi bien dit que le corps était un reflet de l'âme. Mais ils avaient préparé les voies à un cartésianisme diminué, étriqué, d'après lequel la vie mentale ne serait qu'un aspect de la vie cérébrale, la prétendue « âme » se réduisant à l'ensemble de certains phénomènes cérébraux auxquels la conscience se surajouterait comme une lueur phosphorescente. De fait, à travers tout le XVIIIe siècle, nous pouvons suivre à la trace cette simplification progressive de la métaphysique cartésienne. À mesure qu'elle se rétrécit, elle s'infiltre davantage dans une physiologie qui, naturellement, y trouve une philosophie très propre à lui donner cette confiance en elle-même dont elle a besoin. Et c'est ainsi que des philosophes tels que Lamettrie, Helvétius, Charles Bonnet, Cabanis, dont les attaches avec le cartésianisme sont bien connues, ont apporté à la science du XIXe siècle ce qu'elle pouvait le mieux utiliser de la métaphysique du XVIIe. Alors, que des savants qui philosophent aujourd'hui sur la relation du psychique au physique se rallient à l'hypothèse du parallélisme, cela se comprend : les métaphysiciens ne leur ont guère fourni autre chose. Qu'ils préfèrent même la doctrine paralléliste à toutes celles qu'on pourrait obtenir par la même méthode de construction a priori, je l'admets encore : ils trouvent dans cette philosophie un encouragement à aller de l'avant. Mais que tel ou tel d'entre eux vienne nous dire que c'est là de la science, que c'est l'expérience qui nous révèle un parallélisme rigoureux et complet entre la vie cérébrale et la vie mentale, ah non ! nous l'arrêterons, et nous lui répondrons : vous pouvez sans doute, vous savant, soutenir cette thèse, comme le métaphysicien la soutient, mais ce n'est plus alors le savant en vous qui parle, c'est le métaphysicien. Vous nous rendez simplement ce que nous vous avons prêté. La doctrine que vous nous apportez, nous la connaissons : elle sort de nos ateliers ; c'est nous, philosophes, qui l'avons fabriquée ; et c'est de la vieille, très vieille marchandise. Elle n'en vaut pas moins, à coup sûr; mais elle n'en est pas non plus meilleure. Donnez-la pour ce qu'elle est, et n'allez pas faire passer pour un résultat de la science, pour une théorie modelée sur les faits et capable de se remodeler sur eux, une doctrine qui a pu prendre, avant même l'éclosion de notre physiologie et de notre psychologie, la forme parfaite et définitive à laquelle se reconnaît une construction métaphysique.

Essaierons-nous alors de formuler la relation de l'activité mentale à l'activité cérébrale, telle qu'elle apparaîtrait si l'on écartait toute idée préconçue pour ne tenir compte que des faits connus ? Une formule de ce genre, nécessairement provisoire, ne pourra prétendre qu'à une plus ou moins haute probabilité. Du moins la probabilité sera-t-elle susceptible d'aller en croissant, et la formule de devenir de plus en plus précise à mesure que la connaissance des faits s'étendra.

Je vous dirai donc qu'un examen attentif de la vie de l'esprit et de son accompagnement physiologique m'amène à croire que le sens commun a raison, et qu'il y a infiniment plus, dans une conscience humaine, que dans le cerveau correspondant. Voici, en gros, la conclusion où j'arrive. Celui qui pourrait regarder à l'intérieur d'un cerveau en pleine activité, suivre le va-et-vient des atomes et interpréter tout ce qu'ils font, celui-là saurait sans doute quelque chose de ce qui se passe dans l'esprit, mais il n'en saurait que peu de chose. Il en connaîtrait tout juste ce qui est exprimable en gestes, attitudes et mouvements du corps, ce que l'état d'âme contient d'action en voie d'accomplissement, ou simplement naissante : le reste lui échapperait. Il serait, vis-à-vis des pensées et des sentiments qui se déroulent à l'intérieur de la conscience, dans la situation du spectateur qui voit distinctement tout ce que les acteurs font sur la scène, mais n'entend pas un mot de ce qu'ils disent. Sans doute, le va-et-vient des acteurs, leurs gestes et leurs attitudes, ont leur raison d'être dans la pièce qu'ils jouent ; et si nous connaissons le texte, nous pouvons prévoir à peu près le geste ; mais la réciproque n'est pas vraie, et la connaissance des gestes ne nous renseigne que fort peu sur la pièce, parce qu'il y a beaucoup plus dans une fine comédie que les mouvements par lesquels on la scande. Ainsi, je crois que si notre science du mécanisme cérébral était parfaite, et parfaite aussi notre psychologie, nous pourrions deviner ce qui se passe dans le cerveau pour un état d'âme déterminé ; mais l'opération inverse serait impossible, parce que nous aurions le choix, pour un même état du cerveau, entre une foule d'états d'âme différents, également appropriés. Je ne dis pas, notez-le bien, qu'un état d'âme quelconque puisse correspondre à un état cérébral donné : posez le cadre, vous n'y placerez pas n'importe quel tableau : le cadre détermine quelque chose du tableau en éliminant par avance tous ceux qui n'ont pas la même forme et la même dimension ; mais, pourvu que la forme et la dimension y soient, le tableau entrera dans le cadre. Ainsi pour le cerveau et la conscience. Pourvu que les actions relativement simples - gestes, attitudes, mouvements - en lesquels se dégraderait un état d'âme complexe, soient bien celles que le cerveau prépare, l'état mental s'insérera exactement dans l'état cérébral; mais il y a une multitude de tableaux différents qui tiendraient aussi bien dans ce cadre ; et par conséquent le cerveau ne détermine pas la pensée ; et par conséquent la pensée, en grande partie du moins, est indépendante du cerveau.

L'étude des faits permettra de décrire avec une précision croissante cet aspect particulier de la vie mentale qui est seul dessiné, à notre avis, dans l'activité cérébrale. S'agit-il de la faculté de percevoir et de sentir ? Notre corps, inséré dans le monde matériel, reçoit des excitations auxquelles il doit répondre par des mouvements appropriés ; le cerveau, et d'ailleurs le système cérébro-spinal en général, préparent ces mouvements ; mais la perception est tout autre chose. S'agit-il de la faculté de vouloir ? Le corps exécute des mouvements volontaires grâce à certains mécanismes, tout montés dans le système nerveux, qui n'attendent qu'un signal pour se déclencher ; le cerveau est le point d'où part le signal et même le déclenchement. La zone rolandique, où l'on a localisé le mouvement volontaire, est comparable en effet au poste d'aiguillage d'où l'employé lance sur telle ou telle voie le train qui arrive ; ou encore c'est un commutateur, par lequel une excitation extérieure donnée peut être mise en communication avec un dispositif moteur pris à volonté ; mais à côté des organes du mouvement et de l'organe du choix, il y a autre chose, il y a le choix lui-même. S'agit-il enfin de la pensée ? Quand nous pensons, il est rare que nous ne nous parlions pas à nous-mêmes : nous esquissons ou préparons, si nous ne les accomplissons pas effectivement, les mouvements d'articulation par lesquels s'exprimerait notre pensée ; et quelque chose s'en doit déjà dessiner dans le cerveau. Mais là ne se borne pas, croyons-nous, le mécanisme cérébral de la pensée : derrière les mouvements intérieurs d'articulation, qui ne sont d'ailleurs pas indispensables, il y a quelque chose de plus subtil, qui est essentiel. Je veux parler de ces mouvements naissants qui indiquent symboliquement toutes les directions successives de l'esprit. Remarquez que la pensée réelle, concrète, vivante, est chose dont les psychologues nous ont fort peu parlé jusqu'ici, parce qu'elle offre malaisément prise à l'observation intérieure. Ce qu'on étudie d'ordinaire sous ce nom est moins la pensée même qu'une imitation artificielle obtenue en composant ensemble des images et des idées. Mais avec des images, et même avec des idées, vous ne reconstituerez pas de la pensée, pas plus qu'avec des positions vous ne ferez du mouvement. L'idée est un arrêt de la pensée ; elle naît quand la pensée, au lieu de continuer son chemin, fait une pause ou revient sur elle-même : telle, la chaleur surgit dans la balle qui rencontre l'obstacle. Mais, pas plus que la chaleur ne préexistait dans la balle, l'idée ne faisait partie intégrante de la pensée. Essayez, par exemple, en mettant bout à bout les idées de chaleur, de production, de balle, et en intercalant les idées d'intériorité et de réflexion impliquées dans les mots « dans » et « soi », de reconstituer la pensée que je viens d'exprimer par cette phrase ; « la chaleur se produit dans la balle ». Vous verrez que c'est impossible, que la pensée était un mouvement indivisible, et que les idées correspondant à chacun des mots sont simplement les représentations qui surgiraient dans l'esprit à chaque instant du mouvement de la pensée si la pensée s'arrêtait ; mais elle ne s'arrête pas. Laissez donc de côté les reconstructions artificielles de la pensée ; considérez la pensée même ; vous y trouverez moins des états que des directions, et vous verrez qu'elle est essentiellement un changement continuel et continu de direction intérieure, lequel tend sans cesse à se traduire par des changements de direction extérieure, je veux dire par des actions et des gestes capables de dessiner dans l'espace et d'exprimer métaphoriquement, en quelque sorte, les allées et venues de l'esprit. De ces mouvements esquissés, ou même simplement préparés, nous ne nous apercevons pas, le plus souvent, parce que nous n'avons aucun intérêt à les connaître ; mais force nous est bien de les remarquer quand nous serrons de près notre pensée pour la saisir toute vivante et pour la faire passer, vivante encore, dans l'âme d'autrui. Les mots auront beau alors être choisis comme il faut, ils ne diront pas ce que nous voulons leur faire dire si le rythme, la ponctuation et toute la chorégraphie du discours ne les aident pas à obtenir du lecteur, guidé alors par une série de mouvements naissants, qu'il décrive une courbe de pensée et de sentiment analogue à celle que nous décrivons nous-mêmes. Tout l'art d'écrire est là. C'est quelque chose comme l'art du musicien; mais ne croyez pas que la musique dont il s'agit ici s'adresse simplement à l'oreille, comme on se l'imagine d'ordinaire. Une oreille étrangère, si habituée qu'elle puisse être à la musique, ne fera pas de différence entre la prose française que nous trouvons musicale et celle qui ne l'est pas, entre ce qui est parfaitement écrit en français et ce qui ne l'est qu'approximativement : preuve évidente qu'il s'agit de tout autre chose que d'une harmonie matérielle des sous. En réalité, l'art de l'écrivain consiste surtout à nous faire oublier qu'il emploie des mots. L'harmonie qu'il cherche est une certaine correspondance entre les allées et venues de son esprit et celles de son discours, correspondance si parfaite que, portées par la phrase, les ondulations de sa pensée se communiquent à la nôtre et qu'alors chacun des mots, pris individuellement, ne compte plus : il n'y a plus rien que le sens mouvant qui traverse les mots, plus rien que deux esprits qui semblent vibrer directement, sans intermédiaire, à l'unisson l'un de l'autre. Le rythme de la parole n'a donc d'autre objet que de reproduire le rythme de la pensée ; et que peut être le rythme de la pensée sinon celui des mouvements naissants, à peine conscients, qui l'accompagnent ? Ces mouvements, par lesquels la pensée s'extérioriserait en actions, doivent être préparés et comme préformés dans le cerveau. C'est cet accompagnement moteur de la pensée que nous apercevrions sans doute si nous pouvions pénétrer dans un cerveau qui travaille, et non pas la pensée même.

En d'autres termes, la pensée est orientée vers l'action; et, quand elle n'aboutit pas à une action réelle, elle esquisse une ou plusieurs actions virtuelles, simplement possibles. Ces actions réelles ou virtuelles, qui sont la projection diminuée et simplifiée de la pensée dans l'espace et qui en marquent les articulations motrices, sont ce qui en est dessiné dans la substance cérébrale. La relation du cerveau à la pensée est donc complexe et subtile. Si vous me demandiez de l'exprimer dans une formule simple, nécessairement grossière, je dirais que le cerveau est un organe de pantomime, et de pantomime seulement. Son rôle est de mimer la vie de l'esprit, de mimer aussi les situations extérieures auxquelles l'esprit doit s'adapter. L'activité cérébrale est à l'activité mentale ce que les mouvements du bâton du chef d'orchestre sont à la symphonie. La symphonie dépasse de tous côtés les mouvements qui la scandent ; la vie de l'esprit déborde de même la vie cérébrale. Mais le cerveau, justement parce qu'il extrait de la vie de l'esprit tout ce qu'elle a de jouable en mouvement et de matérialisable, justement parce qu'il constitue ainsi le point d'insertion de l'esprit dans la matière, assure à tout instant l'adaptation de l'esprit aux circonstances, maintient sans cesse l'esprit en contact avec des réalités. Il n'est donc pas, à proprement parler, organe de pensée, ni de sentiment, ni de conscience ; mais il fait que conscience, sentiment et pensée restent tendus sur la vie réelle et par conséquent capables d'action efficace. Disons, si vous voulez, que le cerveau est l'organe de l'attention à la vie.

C'est pourquoi il suffira d'une légère modification de la substance cérébrale pour que l'esprit tout entier paraisse atteint. Nous parlions de l'effet de certains toxiques sur la conscience, et plus généralement de l'influence de la maladie cérébrale sur la vie mentale. En pareil cas, est-ce l'esprit même qui est dérangé, ou ne serait-ce pas plutôt le mécanisme de l'insertion de l'esprit dans les choses ? Quand un fou déraisonne, son raisonnement peut être en règle avec la plus stricte logique : vous diriez, en entendant parler tel ou tel persécuté, que c'est par excès de logique qu'il pèche. Son tort n'est pas de raisonner mal, mais de raisonner à côté de la réalité, en dehors de la réalité, comme un homme qui rêve. Supposons, comme cela paraît vraisemblable, que la maladie soit causée par une intoxication de la substance cérébrale. Il ne faut pas croire que le poison soit allé chercher le raisonnement dans telles ou telles cellules du cerveau, ni par conséquent qu'il y ait, en tels ou tels points du cerveau, des mouvements d'atomes qui correspondent au raisonnement. Non, il est probable que c'est le cerveau tout entier qui est atteint, de même que c'est la corde tendue tout entière qui se détend, et non pas telle ou telle de ses parties, quand le nœud a été mal fait. Mais, de même qu'il suffit d'un très faible relâchement de l'amarre pour que le bateau se mette à danser sur la vague, ainsi une modification même légère de la substance cérébrale tout entière pourra faire que l'esprit, perdant contact avec l'ensemble des choses matérielles auxquelles il est ordinairement appuyé, sente la réalité se dérober sous lui, titube, et soit pris de vertige. C'est bien, en effet, par un sentiment comparable à la sensation de vertige que la folie débute dans beaucoup de cas. Le malade est désorienté. Il vous dira que les objets matériels n'ont plus pour lui la solidité, le relief, la réalité d'autrefois. Un relâchement de la tension, ou plutôt de l'attention, avec laquelle l'esprit se fixait sur la partie du monde matériel à laquelle il avait affaire, voilà en effet le seul résultat direct du dérangement cérébral - le cerveau étant l'ensemble des dispositifs qui permettent à l'esprit de répondre à l'action des choses par des réactions motrices, effectuées ou simplement naissantes, dont la justesse assure la parfaite insertion de l'esprit dans la réalité.

Telle serait donc, en gros, la relation de l'esprit au corps. Il m'est impossible d'énumérer ici les faits et les raisons sur lesquels cette conception se fonde. Et pourtant je ne puis vous demander de me croire sur parole. Comment faire ? Il y aurait d'abord un moyen, semble-t-il, d'en finir rapidement avec la théorie que je combats : ce serait de montrer que l'hypothèse d'une équivalence entre le cérébral et le mental est contradictoire avec elle-même quand on la prend dans toute sa rigueur, qu'elle nous demande d'adopter en même temps deux points de vue opposés et d'employer simultanément deux systèmes de notation qui s'excluent. J'ai tenté cette démonstration autrefois ; mais, quoiqu'elle soit bien simple, elle exige certaines considérations préliminaires sur le réalisme et l'idéalisme, dont l'exposé nous entraînerait trop loin. Je reconnais d'ailleurs qu'on peut s'arranger de manière à donner à la théorie de l'équivalence une apparence d'intelligibilité, dès qu'on cesse de la pousser dans le sens matérialiste. D'autre part, si le raisonnement pur suffit à nous montrer que cette théorie est à rejeter, il ne nous dit pas, il ne peut pas nous dire ce qu'il faut mettre à la place. De sorte qu'en définitive c'est à l'expérience que nous devons nous adresser, ainsi que nous le faisions prévoir. Mais comment passer en revue les états normaux et pathologiques dont il y aurait à tenir compte ? Les examiner tous est impossible ; approfondir tels ou tels d'entre eux serait encore trop long. Je ne vois qu'un moyen de sortir d'embarras : c'est de prendre, parmi tous les faits connus, ceux qui semblent le plus favorables à la thèse du parallélisme - les seuls, à vrai dire, où la thèse ait paru trouver un commencement de vérification -, les faits de mémoire. Si nous pouvions alors indiquer en deux mots, fût-ce d'une manière imparfaite et grossière, comment un examen approfondi de ces faits aboutirait à infirmer la théorie qui les invoque et à confirmer celle que nous proposons, ce serait déjà quelque chose. Nous n'aurions pas la démonstration complète, tant s'en faut ; nous saurions du moins où il faut la chercher. C'est ce que nous allons faire.

La seule fonction de la pensée à laquelle on ait pu assigner une place dans le cerveau est en effet la mémoire - plus précisément la mémoire des mots. Je rappelais, au début de cette conférence, comment l'étude des maladies du langage a conduit à localiser dans telles ou telles circonvolutions du cerveau telles ou telles formes de la mémoire verbale. Depuis Broca, qui avait montré comment l'oubli des mouvements d'articulation de la parole pouvait résulter d'une lésion de la troisième circonvolution frontale gauche, une théorie de plus en plus compliquée de l'aphasie et de ses conditions cérébrales s'est édifiée laborieusement. Sur cette théorie nous aurions d'ailleurs beaucoup à dire. Des savants d'une compétence indiscutable la combattent aujourd'hui, en s'appuyant sur une observation plus attentive des lésions cérébrales qui accompagnent les maladies du langage. Nous-même, il y aura bientôt vingt ans de cela (si nous rappelons le fait, ce n'est pas pour en tirer vanité, c'est pour montrer que l'observation intérieure peut l'emporter sur des méthodes qu'on croit plus efficaces), nous avions soutenu que la doctrine alors considérée comme intangible aurait tout au moins besoin d'un remaniement. Mais peu importe ! Il y a un point sur lequel tout le monde s'accorde, c'est que les maladies de la mémoire des mots sont causées par des lésions du cerveau plus ou moins nettement localisables. Voyons donc comment ce résultat est interprété par la doctrine qui fait de la pensée une fonction du cerveau, et plus généralement par ceux qui croient à un parallélisme ou à une équivalence entre le travail du cerveau et celui de la pensée.

Rien de plus simple que leur explication. Les souvenirs sont là, accumulés dans le cerveau sous forme de modifications imprimées à un groupe d'éléments anatomiques : s'ils disparaissent de la mémoire, c'est que les éléments anatomiques où ils reposent sont altérés ou détruits. Nous parlions tout à l'heure de clichés, de phonogrammes : telles sont les comparaisons qu'on trouve dans toutes les explications cérébrales de la mémoire ; les impressions faites par des objets extérieurs subsisteraient dans le cerveau, comme sur la plaque sensibilisée ou sur le disque phonographique. A y regarder de près, on verrait combien ces comparaisons sont décevantes. Si vraiment mon souvenir visuel d'un objet, par exemple, était une impression laissée par cet objet sur mon cerveau, je n'aurais jamais le souvenir d'un objet, j'en aurais des milliers, j'en aurais des millions ; car l'objet le plus simple et le plus stable change de forme, de dimension, de nuance, selon le point d'où je l'aperçois : à moins donc que je me condamne à une fixité absolue en le regardant, à moins que mon œil s'immobilise dans son orbite, des images innombrables, nullement superposables, se dessineront tour à tour sur ma rétine et se transmettront à mon cerveau. Que sera-ce, s'il s'agit de l'image visuelle d'une personne, dont la physionomie change, dont le corps est mobile, dont le vêtement et l'entourage sont différents chaque fois que je la revois ? Et pourtant il est incontestable que ma conscience me présente une image unique, ou peu s'en faut, un souvenir pratiquement invariable de l'objet ou de la personne : preuve évidente qu'il y a eu tout autre chose ici qu'un enregistrement mécanique.

J'en dirais d'ailleurs autant du souvenir auditif. Le même mot articulé, par des personnes différentes, ou par la même personne à des moments différents, dans des phrases différentes, donne des phonogrammes qui ne coïncident pas entre eux : comment le souvenir, relativement invariable et unique, du son du mot serait-il comparable à un phonogramme ? Cette seule considération suffirait déjà à nous rendre suspecte la théorie qui attribue les maladies de la mémoire des mots à une altération ou à une destruction des souvenirs eux-mêmes, enregistrés automatiquement par l'écorce cérébrale.

Mais voyons ce qui se passe dans ces maladies. Là où la lésion cérébrale est grave, et où la mémoire des mots est atteinte profondément, il arrive qu'une excitation plus ou moins forte, une émotion par exemple, ramène tout à coup le souvenir qui paraissait à jamais perdu. Serait-ce possible, si le souvenir avait été déposé dans la matière cérébrale altérée ou détruite ? Les choses se passent bien plutôt comme si le cerveau servait à rappeler le souvenir, et non pas à le conserver. L'aphasique devient incapable de retrouver le mot quand il en a besoin; il semble tourner tout autour, n'avoir pas la force voulue pour mettre le doigt au point précis qu'il faudrait toucher; dans le domaine psychologique, en effet, le signe extérieur de la force est toujours la précision. Mais le souvenir paraît bien être là : parfois, ayant remplacé par des périphrases le mot qu'il croit disparu, l'aphasique fera entrer dans l'une d'elles le mot lui-même. Ce qui faiblit ici, c'est cet ajustement à la situation que le mécanisme cérébral doit assurer. Plus spécialement, ce qui est atteint, c'est la faculté de rendre le souvenir conscient en esquissant d'avance les mouvements par lesquels le souvenir, s'il était conscient, se prolongerait en acte. Quand nous avons oublié un nom propre, comment nous y prenons-nous pour le rappeler ? Nous essayons de toutes les lettres de l'alphabet l'une après l'autre ; nous les prononçons intérieurement d'abord; puis, si cela ne suffit pas, nous les articulons tout haut ; nous nous plaçons donc, tour à tour, dans toutes les diverses dispositions motrices entre lesquelles il faudra choisir; une fois que l'attitude voulue est trouvée, le son du mot cherché s'y glisse comme dans un cadre préparé à le recevoir. C'est cette mimique réelle ou virtuelle, effectuée ou esquissée, que le mécanisme cérébral doit assurer. Et c'est elle, sans doute, que la maladie atteint.

Réfléchissez maintenant à ce qu'on observe dans l'aphasie progressive, c'est-à-dire dans les cas où l'oubli des mots va toujours s'aggravant. En général, les mots disparaissent alors dans un ordre déterminé, comme si la maladie connaissait la grammaire : les noms propres s'éclipsent les premiers, puis les noms communs, ensuite les adjectifs, enfin les verbes. Voilà qui paraîtra, au premier abord, donner raison à l'hypothèse d'une accumulation des souvenirs dans la substance cérébrale. Les noms propres, les noms communs, les adjectifs, les verbes, constitueraient autant de couches superposées, pour ainsi dire, et la lésion atteindrait ces couches l'une après l'autre. Oui, mais la maladie peut tenir aux causes les plus diverses, prendre les formes les plus variées, débuter en un point quelconque de la région cérébrale intéressée et progresser dans n'importe quelle direction : l'ordre de disparition des souvenirs reste le même. Serait-ce possible, si c'était aux souvenirs eux-mêmes que la maladie s'attaquait ? Le fait doit donc s'expliquer autrement. Voici l'interprétation très simple que je vous propose. D'abord, si les noms propres disparaissent avant les noms communs, ceux-ci avant les adjectifs, les adjectifs avant les verbes, c'est qu'il est plus difficile de se rappeler un nom propre qu'un nom commun, un nom commun qu'un adjectif, un adjectif qu'un verbe: la fonction de rappel, à laquelle le cerveau prête évidemment son concours, devra donc se limiter à des cas de plus en plus faciles à mesure que la lésion du cerveau s'aggravera. Mais d'où vient la plus ou moins grande difficulté du rappel ? Et pourquoi les verbes sont-ils, de tous les mots, ceux que nous avons le moins de peine à évoquer ? C'est tout simplement que les verbes expriment des actions, et qu'une action peut être mimée. Le verbe est mimable directement, l'adjectif ne l'est que par l'intermédiaire du verbe qu'il enveloppe, le substantif par le double intermédiaire de l'adjectif qui exprime un de ses attributs et du verbe impliqué dans l'adjectif, le nom propre par le triple intermédiaire du nom commun, de l'adjectif et du verbe encore ; donc, à mesure que nous allons du verbe au nom propre, nous nous éloignons davantage de l'action tout de suite imitable, jouable par le corps ; un artifice de plus en plus compliqué devient nécessaire pour symboliser en mouvement l'idée exprimée par le mot qu'on cherche ; et comme c'est au cerveau qu'incombe la tâche de préparer ces mouvements, comme son fonctionnement est d'autant plus diminué, réduit, simplifié sur ce point que la région intéressée est lésée plus profondément, il n'y a rien d'étonnant à ce qu'une altération ou une destruction des tissus, qui rend impossible l'évocation des noms propres ou des noms communs, laisse subsister celle du verbe. Ici, comme ailleurs, les faits nous invitent à voir dans l'activité cérébrale un extrait mimé de l'activité mentale, et non pas un équivalent de cette activité.

Mais, si le souvenir n'a pas été emmagasiné par le cerveau, où donc se conserve-t-il ? - À vrai dire, je ne suis pas sûr que la question « où » ait encore un sens quand on ne parle plus d'un corps. Des clichés photographiques se conservent dans une boîte, des disques phonographiques dans des casiers ; mais pourquoi des souvenirs, qui ne sont pas des choses visibles et tangibles, auraient-ils besoin d'un contenant, et comment pourraient-ils en avoir ? J'accepterai cependant si vous y tenez, mais en la prenant dans un sens purement métaphorique, l'idée d'un contenant où les souvenirs seraient logés, et je dirai alors tout bonnement qu'ils sont dans l'esprit. Je ne fais pas d'hypothèse, je n'évoque pas une entité mystérieuse, je m'en tiens à l'observation, car il n'y a rien de plus immédiatement donné, rien de plus évidemment réel que la conscience, et l'esprit humain est la conscience même. Or, conscience signifie avant tout mémoire. En ce moment je cause avec vous, je prononce le mot « causerie ». Il est clair que ma conscience se représente ce mot tout d'un coup ; sinon, elle n'y verrait pas un mot unique, elle ne lui attribuerait pas un sens. Pourtant, lorsque j'articule la dernière syllabe du mot, les deux premières ont été articulées déjà ; elles sont du passé par rapport à celle-là, qui devrait alors s'appeler du présent. Mais cette dernière syllabe « rie », je ne l'ai pas prononcée instantanément ; le temps, si court soit-il, pendant lequel je l'ai émise, est décomposable en parties, et ces parties sont du passé par rapport à la dernière d'entre elles, qui serait, elle, du présent définitif si elle n'était décomposable à son tour : de sorte que vous aurez beau faire, vous ne pourrez tracer une ligne de démarcation entre le passé et le présent, ni par conséquent, entre la mémoire et la conscience. À vrai dire, quand j'articule le mot « causerie », j'ai présents à l'esprit non seulement le commencement, le milieu et la fin du mot, mais encore les mots qui ont précédé, mais encore tout ce que j'ai déjà prononcé de la phrase ; sinon, j'aurais perdu le fil de mon discours. Maintenant, si la ponctuation du discours eût été différente, ma phrase eût pu commencer plus tôt; elle eût englobé, par exemple, la phrase précédente, et mon « présent » se fût dilaté encore davantage dans le passé. Poussons ce raisonnement jusqu'au bout : supposons que mon discours dure depuis des années, depuis le premier éveil de ma conscience, qu'il se poursuive en une phrase unique, et que ma conscience soit assez détachée de l'avenir, assez désintéressée de l'action, pour s'employer exclusivement à embrasser le sens de la phrase : je ne chercherais pas plus d'explication, alors, à la conservation intégrale de cette phrase que je n'en cherche à la survivance des deux premières syllabes du mot « causerie » quand je prononce la dernière. Or, je crois bien que notre vie intérieure tout entière est quelque chose comme une phrase unique entamée dès le premier éveil de la conscience, phrase semée de virgules, mais nulle part coupée par des points. Et je crois par conséquent aussi que notre passé tout entier est là, subconscient - je veux dire présent à nous de telle manière que notre conscience, pour en avoir la révélation, n'ait pas besoin de sortir d'elle-même ni de rien s'adjoindre d'étranger : elle n'a, pour apercevoir distinctement tout ce qu'elle renferme ou plutôt tout ce qu'elle est, qu'à écarter un obstacle, à soulever un voile. Heureux obstacle, d'ailleurs ! voile infiniment précieux ! C'est le cerveau qui nous rend le service de maintenir notre attention fixée sur la vie; et la vie, elle, regarde en avant; elle ne se retourne en arrière que dans la mesure où le passé peut l'aider à éclairer et à préparer l'avenir. Vivre, pour l'esprit, c'est essentiellement se concentrer sur l'acte à accomplir. C'est donc s'insérer dans les choses par l'intermédiaire d'un mécanisme qui extraira de la conscience tout ce qui est utilisable pour l'action, quitte à obscurcir la plus grande partie du reste. Tel est le rôle du cerveau dans l'opération de la mémoire : il ne sert pas à conserver le passé, mais à le masquer d'abord, puis à en laisser transparaître ce qui est pratiquement utile. Et tel est aussi le rôle du cerveau vis-à-vis de l'esprit en général. Dégageant de l'esprit ce qui est extériorisable en mouvement, insérant l'esprit dans ce cadre moteur, il l'amène à limiter le plus souvent sa vision, mais aussi à rendre son action efficace. C'est dire que l'esprit déborde le cerveau de toutes parts, et que l'activité cérébrale ne répond qu'à une infime partie de l'activité mentale.

Mais c'est dire aussi que la vie de l'esprit ne peut pas être un effet de la vie du corps, que tout se passe au contraire comme si le corps était simplement utilisé par l'esprit, et que dès lors nous n'avons aucune raison de supposer que le corps et l'esprit soient inséparablement liés l'un à l'autre. Vous pensez bien que je ne vais pas trancher au pied levé, pendant la demi-minute qui me reste, le plus grave des problèmes que puisse se poser l'humanité. Mais je m'en voudrais de l'éluder. D'où venons-nous ? Que faisons-nous ici-bas ? Où allons-nous ? Si vraiment la philosophie n'avait rien à répondre à ces questions d'un intérêt vital, ou si elle était incapable de les élucider progressivement comme on élucide un problème de biologie ou d'histoire, si elle ne pouvait pas les faire bénéficier d'une expérience de plus en plus approfondie, d'une vision de plus en plus aiguë de la réalité, si elle devait se borner à mettre indéfiniment aux prises ceux qui affirment et ceux qui nient l'immortalité pour des raisons tirées de l'essence hypothétique de l'âme ou du corps, ce serait presque le cas de dire, en détournant de son sens le mot de Pascal, que toute la philosophie ne vaut pas une heure de peine. Certes, l'immortalité elle-même ne peut pas être prouvée expérimentalement : toute expérience porte sur une durée limitée ; et quand la religion parle d'immortalité, elle fait appel à la révélation. Mais ce serait quelque chose, ce serait beaucoup que de pouvoir établir, sur le terrain de l'expérience, la possibilité et même la probabilité de la survivance pour un temps x : on laisserait en dehors du domaine de la philosophie la question de savoir si ce temps est ou n'est pas illimité. Or, réduit à ces proportions plus modestes, le problème philosophique de la destinée de l'âme ne m'apparaît pas du tout comme insoluble. Voici un cerveau qui travaille. Voilà une conscience qui sent, qui pense et qui veut. Si le travail du cerveau correspondait à la totalité de la conscience, s'il y avait équivalence entre le cérébral et le mental, la conscience pourrait suivre les destinées du cerveau et la mort être la fin de tout : du moins l'expérience ne dirait-elle pas le contraire, et le philosophe qui affirme la survivance serait-il réduit à appuyer sa thèse sur quelque construction métaphysique - chose généralement fragile. Mais si, comme nous avons essayé de le montrer, la vie mentale déborde la vie cérébrale, si le cerveau se borne à traduire en mouvements une petite partie de ce qui se passe dans la conscience, alors la survivance devient si vraisemblable que l'obligation de la preuve incombera à celui qui nie, bien plutôt qu'à celui qui affirme ; car l'unique raison de croire à une extinction de la conscience après la mort est qu'on voit le corps se désorganiser, et cette raison n'a plus de valeur si l'indépendance de la presque totalité de la conscience à l'égard du corps est, elle aussi, un fait que l'on constate. En traitant ainsi le problème de la survivance, en le faisant descendre des hauteurs où la métaphysique traditionnelle l'a placé, en le transportant dans le champ de l'expérience, nous renonçons sans doute à en obtenir du premier coup la solution radicale ; mais que voulez-vous ? il faut opter, en philosophie, entre le pur raisonnement qui vise à un résultat définitif, imperfectible puisqu'il est censé parfait, et une observation patiente qui ne donne que des résultats approximatifs, capables d'être corrigés et complétés indéfiniment. La première méthode, pour avoir voulu nous apporter tout de suite la certitude, nous condamne à rester toujours dans le simple probable ou plutôt dans le pur possible, car il est rare qu'elle ne puisse pas servir à démontrer indifféremment deux thèses opposées, également cohérentes, également plausibles. La seconde ne vise d'abord qu'à la probabilité ; mais comme elle opère sur un terrain où la probabilité peut croître sans fin, elle nous amène peu à peu à un état qui équivaut pratiquement à la certitude. Entre ces deux manières de philosopher mon choix est fait. Je serais heureux si j'avais pu contribuer, si peu que ce fût, à orienter le vôtre.

Copyright © 2020 par Henri Bergson
ISBN EBook : 979-10-299-1020-3
ISBN Livre Broché : 9798699815609
ISBN Livre Relié : 979-10-299-1021-0
Tous Droits Réservés

www.ingramcontent.com/pod-product-compliance
Lightning Source LLC
LaVergne TN
LVHW042243070526
838201LV00088B/1